目次

- 1 この冊子の目的 …………………………………… 3
- 2 水泳事故事例 ……………………………………… 4
- 詩「もう一つの名前は」 浅見洋子 …………………… 8
- 3 プール安全8カ条 ………………………………… 10
  - 1 適切な安全対策をとろう ……………………… 10
  - 2 適切な監視体制をとろう ……………………… 12
  - 3 監視のポイントを意識して監視しよう ……… 13
  - 4 危険性が高い場所を知ろう …………………… 14
  - 5 危険な行為をさせないようにしよう ………… 15
  - 6 児童の体調に注意しよう ……………………… 16
  - 7 休憩を設けよう ………………………………… 16
  - 8 心肺蘇生法講習を受講しよう ………………… 17
- 4 運営者の注意点 …………………………………… 18
  - 1 十分な安全対策をとろう ……………………… 18
  - 2 運営・監視マニュアルを作成しよう ………… 18
  - 3 プール運営・監視についての事前の説明をしよう … 18
  - 4 心肺蘇生法講習会を受講させよう …………… 18
  - 5 保険に加入しよう ……………………………… 18
  - 6 プール開放前の準備を十分に行おう ………… 18
- 5 プール監視マニュアル …………………………… 19
  - 1 プール監視の趣旨及び心得 …………………… 19
  - 2 監視にあたる者の事前準備 …………………… 19
  - 3 入水前の準備 …………………………………… 19
  - 4 監視の方法について …………………………… 21
  - 5 児童への指導 …………………………………… 22
  - 6 遊泳中の人数確認及び健康チェック ………… 22
  - 7 終了後 …………………………………………… 23
  - 8 緊急時の対応 …………………………………… 23
- 6 資料編 ……………………………………………… 26
  - 文部科学省・国土交通省「プールの安全標準指針」(抄) … 26
  - 第1章 指針の位置づけ及び適用範囲 ………… 27
  - 第2章 プールの安全利用のための施設基準 … 28
  - 第3章 事故を未然に防ぐ安全管理 …………… 31
- 《参考文献》………………………………………………… 38
- 《編集者・執筆者》………………………………………… 39

1 この冊子の目的

　近年、夏休みに小学校等がプールを開放し、ＰＴＡや子供会などがプール活動の運営をするケースが増えています。このような場合、プールの運営や監視についてはほぼ素人である保護者が、プール活動を運営し、プールの監視も行っています。なかには、運営や監視についてのマニュアルなどもなく、場当たり的な運営や監視を行っているケースもあるようです。

　しかも、プール活動においては、児童が死亡したり意識不明の重体となったり大けがをしたりするケースが、ほぼ毎年起きています。そのなかには保護者の監視のもとで児童が溺れ、意識不明の重体となる事故も複数発生しています。プール活動での児童の安全を守るためのよい手引き書が身近にあればとの思いを強くします。プール事故のほとんどは、プール施設の瑕疵や指導監督者の過失がなければ防ぐことができるものです。多くの事故例は第2章に紹介しました。

　私たちは、少しでも、プール事故をなくそうという思いで、主にプール開放で、ＰＴＡや子供会などがプール活動の運営をする場合の注意点をこのガイドブックにまとめることにしました。

　このガイドブックは、いかにプールでの安全を図るか、また、教師に限らず、プールでの監視体制をどのように作るべきか、安全をどう確保するかについて実用的にまとめたものです。

　このガイドブックを参考にしていただき、安全で楽しいプール活動を実施していただければ幸いです。

２０１７年8月
学校安全全国ネットワーク

2 水泳事故事例

　学校関連のプールの事故が起こる原因は、大きく分けて、

Ⅰ **プール施設の瑕疵**によるものと、

Ⅱ **指導監督者の過失（安全保持義務違反）**によるものに分けられます。

　さらに、Ⅱ 指導監督者の過失の問題は、

ⅰ **事前注意義務**

（教育活動計画の策定に当たっての安全確保、教場の安全確保（条件整備）、児童・生徒の身体的状況及び能力の把握、事前の説明等の義務）

ⅱ **指導監督上の注意義務**

（授業実施に際しての説明・注意義務、立会・監督義務、個別指導義務等）

ⅲ **事後対応義務**（事故が生じた場合の応急処置、障害が重篤な場合には専門医の診断を仰ぐべき義務、保護者に対し事故状況を通知すべき義務等）に分けられるようです。

（青林書院「学校事故判例ハンドブック」羽成守・坂東司朗編参照）

　スポーツ庁の平成29年4月28日付「水泳等の事故防止について（通知）」では、プール等での水泳事故等により依然として多くの犠牲者が出ていることが記載されています。また、昨年度は、学校の授業等のスタートの指導において、不適切な指導による事故が発生しているとあります。

　警察庁の調べでは、平成28年夏期の水難事故者数は735人（内中学生以下132人）で、そのうちプールでの事故が5人（内中学生以下2人）でした。独立行政法人日本スポーツ振興センター[*1]（以下「スポーツ振興センター」）が実施している災害共済給付制度[*2]では、スポーツ事故に係る死亡見舞金・障害見舞金等が支給されますが、平成28年度に支給された件数のうち、水泳中の事故等による死亡見舞金の支給件数こそ0件でしたが、障害見舞金の支給件数は速報値で3件ありました。

　過去の例をみると、死亡見舞金が支給されたものは、平成24年は1件、平成25年は2件、平成26年は3件、平成27年は0件で、障害見舞金が支給された

ものは、平成24年は8件、平成25年は5件、平成26年も5件、平成27年も5件でした。
　このように、学校の管理下において、毎年、水泳中に死亡事故や後遺障害が残るような事故が発生しています。
　スポーツ振興センターの学校事故事例検索データベースで見てみると、死亡見舞金・障害見舞金・供花料が支給されたプール事故には以下のようなものがありました。

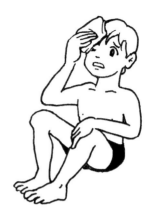

● ウォーミングアップの際、友人がプールへ飛び込んだので、本生徒も同じように飛び込んだ。本生徒は1回目飛び込んだときは何ともなかったが、2回目に飛び込んだとき、プールの底で頭を打ち、肩が激しく痛み、体が思うように動かせなくなった。
（27 障 127）

● 夏季休業中、低学年プール指導の際の自由プールの時間に、教諭が水面にうつ伏せで浮かんでいる本児童を発見した。意識はなく、すぐに心臓マッサージ、人工呼吸、AEDを試みる。救急隊到着後、病院に搬送、集中治療室で治療を受けていたが、翌日死亡した。
（26 供 1）

● 水泳の授業中、飛び込みをしたときに、プールの底で頭部を強打した。意識はあるが首から下が動かなくなった。
（26 障 99）

● 体育のプール授業で、プールサイドで浮き棒を使用し、身体を浮かせたり足を

バタバタさせるなどの活動を行っていた。 入水14分後に、本生徒の顔色が悪い
ことに気付き、プールサイドに引き上げ、本生徒を横にしたが、顔面及び爪にチアノー
ゼがみられ、脈もふれない状態であった。プールサイドで、心肺蘇生法を開始し、
AEDも装着、救急隊が到着して引き継いだ。病院で治療を受けるが、同日死亡
した。 〔26死42〕

・・・

● 合宿初日、本校のプールでクロール練習中に、コースロープに寄りかかり苦痛
を訴えた。ただちに教諭がプールサイドに引き上げた。本生徒の様子から救急車
を要請し、病院に搬送する。緊急手術を受けたが、翌日死亡した。 〔26死33〕

　また、学校でのプール事故については、訴訟も多々提起されています。近時判
決が出た訴訟については、以下のようなものがあります。

・・・

● 小学校1年生の生徒が夏休み中、学校内の本件プールでのプール学習中に溺れ、
翌日に死亡した本件事故について、担当教員が、巨大なビート板を16枚も本件プー
ルに浮かべ、自ら監視が困難な状況を作出し、かつ、本件プール内の動静監視を
していなかったのであるから、担当教員の監視義務の懈怠は明らかであり、担当
教員らが本件プール内の動静注視を怠っていなければ、本件事故が発生すること
はなかったとして、市と県の責任が肯定された事例（京都地判平成26年3月11日）

・・・

● 県立高校の生徒が、水泳実習における自由練習中に、スタート台からプールに
飛び込んだところ、プールの底に頭部を衝突させて頚髄損傷の傷害を負い、後遺
障害が生じたとした事案において、担当教諭について、危険性周知徹底及び飛び
込み禁止指導義務の違反は認められないが、監視ないし危険行為制止義務の違
反が認められるとした事例 （大分地判平成23年3月30日）

・・・・・・・・・・・・・・・・・・・・・・・・・・・・・・・・・・・・・・・

● 都立工業高校2年の男子生徒が水泳部のクラブ活動後の居残り自主練習の際、プールの飛び込み台から逆飛び込みをし、プール底に頭部を強打し頸髄損傷等の傷害を負い、両上下肢の機能に後遺障害が生じた事故について、水泳部の顧問教諭には生徒に事故の危険性や基本動作の留意事項につき注意を促し、立会いのない逆飛び練習を禁止する措置をとり、又は立ち会って監視するなどして事故防止に努め、生徒の安全を保護すべき義務があるところ、これを怠った過失があるとして学校側の責任が肯定された事例　　　　　　（東京地判平成16年1月13日）

・・・・・・・・・・・・・・・・・・・・・・・・・・・・・・・・・・・・・・・

● 都立高校の生徒が水泳授業中にプールのスタート台から逆飛び込みをし、プール底に頭部を強打し死亡した事故につき、プールの設置に瑕疵はないが、指導教諭に生徒に対する安全保護義務違反があるとして、東京都の国家賠償責任が認められた事例　　　　　　　　　（東京地裁八王子支判平成15年7月30日）

・・・・・・・・・・・・・・・・・・・・・・・・・・・・・・・・・・・・・・・

● 町立小学校の児童が学校プールで遊泳中に溺死した事故について、プール排水溝上の蓋がボルト等により固定されていなかったことについて町の設置・管理上の瑕疵があることが認められたものの、県の町に対する指導・監督に関して違法はないとされた事例　　　　　　　　　（静岡地裁沼津支判平成10年9月30日）

　＊1　スポーツの振興及び児童生徒等の健康の保持増進を図るため、その設置するスポーツ施設の適切かつ効率的な運営、スポーツの振興のために必要な援助、学校の管理下における児童生徒等の災害に関する必要な給付その他スポーツ及び児童生徒等の健康の保持増進に関する調査研究並びに資料の収集及び提供等を行い、もって国民の心身の健全な発達に寄与することを目的とする独立行政法人（スポーツ振興センター法2条）
　＊2　災害共済給付は学校の管理下における児童生徒等の災害につき、学校の設置者が、児童生徒等の保護者等の同意を得て、当該児童生徒等についてセンターとの間に締結する災害共済給付契約により行われる（同法16条1項）
　＊3　学校の管理下における死亡で、損害賠償を受けたことなどにより死亡見舞金を支給しないものに対し供花料（17万円）を支給

プール事故で命を落とした少年を悼む詩
──前頁最後の静岡地裁裁判の事件──

もう一つの名前は　　浅見洋子

二月の雲に　閉ざされた
沼津の街は　灰色に染まり
白くまばゆい　富士の姿を
見ることは　できなかった

三年前の　あの日から
心の時計は　止まっていた

平成七年　八月四日
夏休みに入った　あの日
ラジオ体操から　帰った
靖司は
学校のプールに　行くと
はりきって　でていった

家族四人の　あわただしい
朝の食事は
いつもと　おなじ
兄弟二人
中学校一年の　兄と
ふざけながら
学校に　向かった
靖司
あの日の　朝
楽しそうな　靖司の　笑顔が
家族　それぞれの心に　残された

　三年前の　あの日から
　心の時計は　止まっていた

　嗚咽し　小刻みに　震える肩
　母トヨ子の　後ろ姿が
　叫んでいた

　あの日　元気に　登校した
　次男　靖司に　何があったのですか

　学校で　何が　あったのですか
　返してください　あの子を　私に

　靖司は　プールの排水口に
　足を取られ　溺死した

　プールの底　排水口に
　吸いよせられる　水の力
　大きな圧力に　取りこまれた
　靖司の　もがき　苦しみ
　恐怖は……

　平成8年（ワ）第115号　事件
　それは　林田靖司　一〇才の
　もう一つの　名前
　　　　　　　　　　合掌

3 プール安全8カ条

1 適切な安全対策をとろう

　安全にプール活動を行うために、適切な水深・適切な人数などの適切な安全対策をとって実施しましょう。

①低学年は、水深を90cm以下にして使用しましょう。
②人数が多くなりすぎないよう、適切な人数に制限しましょう。

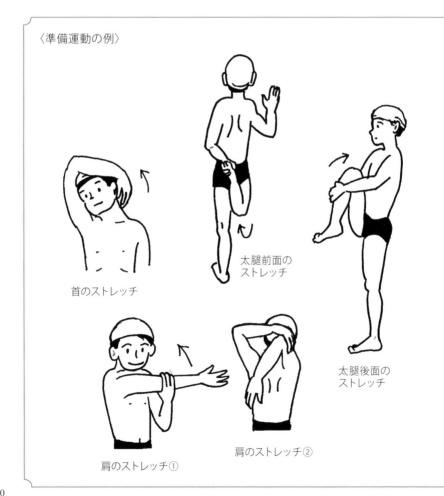

〈準備運動の例〉

首のストレッチ
太腿前面のストレッチ
太腿後面のストレッチ
肩のストレッチ①
肩のストレッチ②

③バディ体制(児童の2人組体制)を取りましょう。(具体的には、5の監視マニュアルを参照)
④遊泳前には、十分な準備体操を実施しましょう。
⑤児童には必ず帽子をかぶらせ、髪の毛を帽子の中に入れさせましょう(帽子の色は、原色が好ましい)。

2　適切な監視体制をとろう

事故を防ぐために、適切な監視体制をとりましょう。

①保護者監視員のみならず、専属監視員を配置しましょう。専属監視員は、プール安全管理者資格、水泳指導管理士資格、水上安全法救助資格、プール管理責任者講習会、ライフセーバー資格、日体協公認スポーツ指導者（水泳）、日本水泳連盟基礎水泳指導員のいずれかの資格を持っていること、泳力があることが必要です。
②十分な人数を配置しましょう。
③タワー（監視台からの監視）とパトロール（巡回監視）で監視しましょう。
④タワーの監視の位置を決めておきましょう。
⑤監視の死角を作らないようにしましょう。
⑥笛を携帯し、危険が発生した時には笛を吹きましょう。

3　監視のポイントを意識して監視しよう

監視のポイントを意識して監視しましょう。

①監視の対象は、水泳者に対する監視（溺れている人、疲労者、けが人、病人等の発見と救助、迷惑な行動の発見・指導）と周囲の状況の変化に対する監視（危険な自然現象の発見・連絡、汚物や危険物の発見・除去）です。
②水中に顔面が没している状況の児童を特に目視し、顔を上げたことを確認しましょう。
③水上だけでなく水中にも目をやりましょう。
④児童の顔色や表情などにも気を付けましょう。
⑤一点に集中せず、広い範囲を監視しましょう。
⑥周りの音にも気を配りましょう。

4 危険性が高い場所を知ろう

危険性が高い場所を知り、特に注意して監視しましょう。

①出入口付近
②入水用階段付近
③プールサイド付近
④背の立つところと立たないところの境
⑤台が沈めてあるところ
⑥排水溝付近
⑦監視場所のすぐ近く、水深の浅いところなど、監視が安易になりがちなところ

5　危険な行為をさせないようにしよう

　児童には次のような危険な行為をさせないようにしましょう。

①プールサイドを走らない
②飛び込みをしない
③ふざけない（溺れるまねをする、プールへ後ろから押す、
　手や足をひっぱるなど）
④プールフロアの下にもぐらない
⑤排水溝や排水・マンホール等のふたには触らない

6 児童の体調に注意しよう

児童の体調に注意し、次のような児童はすぐに水から上げましょう。

①唇が紫色になり、鳥肌が立っている
②じんましんがでたり、むくんだりしている
③顔色が悪くなり、元気がない
④寒気がして震えが止まらない
⑤身体の一部に痛みを感じる
⑥激しく息切れがしている
⑦めまいがしたり、眠気を感じたりする
⑧熱っぽく頭が重く感じる

7 休憩を設けよう

必ず休憩を設けましょう。

①必ず1時間に1回は休憩を設け、児童を水から上げましょう。
②休憩の際には児童の数を確認しましょう。
③児童の健康状態を確認しましょう。

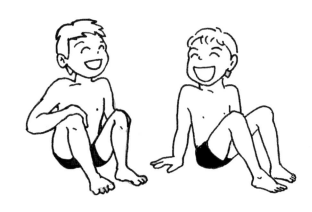

8　心肺蘇生法講習を受講しよう

　監視に当たる人は、いざという時に救出に当たれるよう、必ず心肺蘇生法講習を受講しましょう。

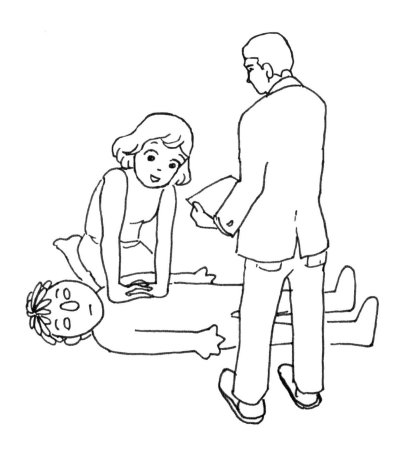

4 運営者の注意点

1 十分な安全対策をとろう

プールでは「2 水泳事故例」で述べたような事故が多数発生していることを念頭に置き、3 の1で述べたような、十分な安全対策をとりましょう。

2 運営・監視マニュアルを作成しよう

運営及び監視についてのルールを明確にするため、運営マニュアル及び監視マニュアルを作成しましょう。

3 プール運営・監視についての事前の説明をしよう

監視員が共通の理解を持って監視に当たることができるように、事前にプールの運営及び監視についての説明会を開催しましょう。

4 心肺蘇生法講習会を受講させよう

監視担当者には、事故が発生した場合に備え、心肺蘇生法講習会の受講を義務付けましょう。

5 保険に加入しよう

万が一事故が発生した場合、監視者は損害賠償責任を負う可能性があります。予め、十分な賠償保険に加入しましょう。

6 プール開放前の準備を十分に行おう

学校との役割分担を明確にし、以下の準備を行いましょう。

- ・プールの水質検査を行い、適正値でない場合は調整をしましょう。
- ・水深を検査し、水深または遊泳場所を調整しましょう。
- ・足洗い場、腰洗い場が使えるように準備しましょう。
- ・プールサイドに危険物がないか安全確認し、水面に浮遊するゴミを除去しましょう。
- ・事前にろ過機、滅菌機、電源版等必要な機械の操作手順について十分習熟し、作動させましょう。
- ・排水溝に危険がないか点検しましょう。

5 プール監視マニュアル

次のようなプール監視マニュアルを作成し、監視者に周知徹底しましょう。

1 プール監視の趣旨及び心得

監視にあたる者は、プールの利用者が安全に利用できるように、プール利用者の監視及び指導等を行うとともに、事故の発生時等における救助活動を行う。プールでは、緊急度が高い事故が発生しやすいため、常に、事故防止、早期発見、安全救助が求められる。ただ単に見守るだけでなく、いつ事故があるか分からないという強い危機意識をもって監視につくようにする。

2 監視にあたる者の事前準備

①監視の前日は、飲酒や不摂生なことを極力控えるとともに睡眠をしっかりとって体調を整えておく。

②緊急時にプールに入れる服装とする。

③水分補給の準備や直射日光を避ける帽子着用など熱中症対策を行い、集中して監視できるようにする。

3 入水前の準備

①予め、運営リーダーを決めておく。

②運営リーダーは「運営・監視ミーティング」を行い、監視場所、監視の留意点などを確認する。

③ＡＥＤを設置し、監視者に設置場所を周知する。ＡＥＤの作動確認をする。

④児童の健康観察を行う。児童の顔色や表情等にも気を付ける。

⑤児童を集合させ、バディ（２人組）になって整列させる。人数確認を行う。

　※次の頁にイラスト説明あり

⑥児童に5の禁止事項・注意事項を説明する。

⑦児童に、遊泳中、バディになった者はできるだけ近くにいて、相手に異常があった場合は直ちに近くの監視員に知らせるように指導する。

⑧十分な準備体操を行う。

バディシステム
二人一組をつくり、互いに相手の安全を確かめさせる方法

二人一組をつくり、互いに
片手をつなぎ合わせる。

組数を数え、記録しておく。

相手の表情、動作に異常があっ
たら指導者や監視員に連絡する
ように指導する。

4　監視の方法について

(1) 監視の指針

・パトロール監視員は、巡回監視する。

・タワー監視員は、指定された監視位置から、自分の担当範囲を監視する。

(2) 監視位置（タワー監視員）

・プール監視配置図に基づいて監視位置につき、監視及び指導を行う。

・各監視員の監視の範囲が一部重なるようにし、監視のない区域がないようにする。

(3) 監視方法

①水中に顔面が没している状況の児童を特に目視し顔を上げたことを確認する。

②水上だけでなく水中にも目をやる。

③一点に集中せず、広い範囲を監視する。

④周りの音にも気を配る。

(4) 危険性が高いと思われるところ

①出入口付近

②入水用階段付近

③プールサイド付近

④背の立つところと立たないところの境

⑤台が沈めてあるところ

⑥排水溝付近

⑦監視場所のすぐ近く、水深の浅いところなど、一般に安全と思われる場所も、監視が安易になりがちになるので注意が必要。

(5) 注意が必要な場合

特に以下の者は、注意して監視する。

①動きの少ない遊泳者

②不規則な水音や大声を出している者

③水に潜っている者

④ふざけあっている者

（6）溺水者以外の事故者の発見

けがや急病など、溺水以外の水の事故は、溺水の数をはるかに上回って大変多いと言われている。こうした事故者に対する監視もおろそかにしてはならない。また、溺水以外の事故は、水中のみならず水の周りでも発生するので、注意する。

（7）児童への指導

児童の行動を見守り、危険な行動をしている児童には指導する。

（8）緊急時

緊急時には、「8　緊急時の対応」の手順に従い、自分の役割を果たす。

5　児童への指導
（1）禁止事項

①プールサイドからの飛び込み

②プールサイドを走る

③悪ふざけ（プールへ後ろから突き飛ばす、溺れるまねをするなど）

④プールフロアの下にもぐらない

（2）指導の仕方

①プールは広いため、大きな声で注意をする。

②注意をする時は、近くに来させて、同じ目線でわかりやすく説明して注意する。

③注意を故意に無視する者や何度も禁止行為を繰り返す者については、退場させるなど厳しい態度で臨む。

6　遊泳中の人数確認及び健康チェック
（1）遊泳中

児童の遊泳行動や様子に異常がないかを注視する。

（2）休憩中
①児童を退水させた後、沈んでいる児童がいないか確認する。
②バディになって座らせ、数の確認をする。
③児童の顔色を見て、健康状態を確認する。

7　終了後
①児童を整列させ、児童数のチェック及び健康状態を確認する。
②「運営・監視ミーティング」を行い、児童の様子や運営・監視に関する事項を振り返る。

8　緊急時の対応
緊急時は、事前に講習を受けた心肺蘇生法の手順に従う（以下は一例）。

（1）安全を確認する。
傷病者を発見した時は周囲の安全を確認して自らの安全を確保してから近づく。

（2）反応（意識）を確認する。
傷病者の肩を叩きながら、耳元で「大丈夫ですか。」と呼びかけながら、反応があるかないかを見る。

（3）119番通報と協力者の依頼
①反応がない場合、「誰か来てください！人が倒れています！」などと大声で叫んで周囲の注意を喚起する。
②協力者が来たら、「あなたは119番通報してください」「あなたはAEDを持ってきてくだい」と具体的に依頼する。

（4）呼吸を確認する

①傷病者の胸と腹部の動き（呼吸をするたび上下する）を見る。胸と腹部が動いていなければ、呼吸が止まっていると判断する。

②普段通りの息（正常な呼吸）があるか調べる。

③約10秒間かけても呼吸の状態がよくわからない場合は、呼吸がないものと判断する。

（5）胸骨圧迫を行う

①普段通りの呼吸がない場合、その判断に自信が持てない場合は、直ちに胸骨圧迫を開始する。

②胸の真ん中の位置に一方の手のひらの基部をあて、その手の上にもう一方の手を重ねて置く。

③肘をまっすぐにのばし、肩が圧迫部位の真上になる姿勢を取る。

④傷病者の胸が約5cm（小児の場合は胸の厚さの約3分の1）沈み込むように圧迫を繰り返す。

⑤圧迫のテンポは、1分間に100〜120回。

⑥圧迫と圧迫の間は、胸が元の高さに戻るように十分に圧迫を解除する。

（6）人工呼吸を行う

①胸骨圧迫を30回続けたら、気道を確保し人工呼吸を2回行う。

②片手で傷病者の額を押さえながら、もう一方の手の指先をあごの先端にあてて持ち上げ、気道を確保する。

③あご先を上に上げ、気道を確保したまま、傷病者の鼻をつまむ。

④口を大きく開けて傷病者の口を覆って密着させ、息を吹き込む。

⑤息は傷病者の胸が上がるのが見て分かる程度の量を約1秒間吹き込む。

⑥一旦口を離し、傷病者の息が自然に出るのを待ち、もう1回吹き込む。

⑦胸骨圧迫30回と人工呼吸2回の組み合わせを続ける。

⑧救急隊員などの熟練した救助者が到着しても、救急隊員の指示があるまで心肺蘇生法は中止しない。

⑨心肺蘇生中、普段どおりの息をし始めた場合、あるいは目的のある仕草が認め

られれば、心肺蘇生法を一旦終了する。ただし、反応が戻るまでは気道確保や回復体位が必要となる場合があるので、繰り返し反応の有無や呼吸の様子を見る。

（7） ＡＥＤを使用する

①ＡＥＤの電源を入れる。音声メッセージとランプに従って操作する。

②傷病者の胸から衣服を取り除く。水で濡れている場合にはタオルなどで拭く。

③ＡＥＤのケースに入っている電極パッドを袋から取り出し、電極パッドや袋に描かれているイラストに従い、2枚の電極パッドを貼りつける。

④心電図の解析が行われる。傷病者の体から離れ、周囲の人にも離れるように伝え、誰も体に触れていないことを確認する。

⑤ＡＥＤから「ショックが必要です」などの音声メッセージが流れたら、周囲の人にも傷病者の体に触れないよう声をかけ、誰も触れていないことをもう一度確認する。

⑥音声メッセージに従い、ショックボタンを押して電気ショックを行う。

（8） 心肺蘇生法の再開

・電気ショックの後は、ＡＥＤの音声メッセージに従い、すぐに胸骨圧迫から心肺蘇生法を再開する。

・ＡＥＤの音声メッセージが「ショックは不要です」の場合には、ただちに胸骨圧迫から心肺蘇生法を再開する。

（9） 心肺蘇生法とＡＥＤの手順のくりかえし

・ＡＥＤは2分おきに心電図の解析を始める。

・以後も、救急隊員などに傷病者を引き継ぐまで、同様に、心肺蘇生法とＡＥＤの手順を繰り返す。

・傷病者が普段通りの呼吸をし始めたり、目的のある仕草が認められたりして心肺蘇生法を一旦終了できても、再びＡＥＤが必要になることもあるため、ＡＥＤの電極パッドははがさず、電源も入れたままにしておく。

6 資料編

文部科学省・国土交通省「プールの安全標準指針」（抄）（2007年3月策定）
※図表等を一部省略。

はじめに（指針策定の主旨）

　本指針は、プールの排（環）水口に関する安全確保の不備による事故をはじめとしたプール事故を防止するため、プールの施設面、管理・運営面で配慮すべき基本的事項等について関係する省庁が統一的に示したものであり、より一層のプールの安全確保が図られるよう、プールの設置管理者に対して国の技術的助言として適切な管理運営等を求めていくものである。

■本指針の構成について

　○基本的考え方（実線囲み）プールの安全確保に関する基本的な考え方を示したもの。
　○解説──基本的考え方の理解を深め、適切な運用が図られるよう解説を示したもの。
　○参考──解説に関連して参考になる事項を示したもの。

■本指針の表現について

　本指針は、おおむね次のような考え方で記述している。
　「〜必要である。」──プールの安全確保の観点から、記述された事項の遵守が強く要請されると国が考えているもの。
　「〜望ましい。」──より一層のプールの安全確保の観点から、各施設の実態に応じて可能な限り記述された事項の遵守が期待されると国が考えているもの。

※「排（環）水口」とは──「プール水を排水・循環ろ過するための吸い込み口」

　　プール水の排水口及び循環ろ過のための取水口（吸水口）をいう。また、起流、造波、ウォータースライダーまたは他のプールへ循環供給するためのプール水の取水口も含む。

　　循環ろ過方式の排（環）水口は排水と取水（吸水）を兼用する場合が多く、通常、ポンプで水を取り込む取水口（吸水口）は箱形の桝がプールの床や壁に取り付けられ、格子状の蓋（又は金網）（以下、「排（環）水口の蓋等」又は「蓋等」という。）がネジ、ボルト等によって固定されており、桝の中にポンプへの配管がある。この他に循環ろ過方式では、ろ過したプール水を戻すろ過吐出口等がある。

　　本指針で用いる「排（環）水口」はこれまで使用されている排水口、返還水口、循環排水口、吸込み口、吸水口、取水口等を同義語として扱い、これらの管の取り付け口と箱型の桝を一体として定義している。

第1章　指針の位置づけ及び適用範囲

1−1　本指針の位置づけ

　プールは、利用者が遊泳等を楽しみながら、心身の健康の増進を期待して利用する施設であり、そのようなプールが安全であることは、利用者にとって当然の前提となっている。

　プールの安全確保はその設置管理者の責任で行われるものであるが、本指針は、プールの排（環）水口に関する安全確保の不備による事故をはじめとしたプール事故を防止するため、プールの施設面、管理・運営面で配慮すべき基本的事項等について関係する省庁が統一的に示したものであり、より一層のプールの安全確保が図られるよう、プールの設置管理者に対して国の技術的助言として適切な管理運営等を求めていくものである。

（解説）

・本指針は、プールの設置管理者に対して、排（環）水口による吸い込み事故を含むプール利用者をめぐる事故を未然に防ぎ、プール利用者の安全を確保するために配慮すべき基本的事項を示したものである。

・本指針は、プールの安全確保について、設置管理者が取り組むべき事項を示したものであるが、これらの業務を外部に委託（請負を含む）する場合には、受託者（請負者　を含む）に対し同様の対応を求めるものであり、設置管理者は受託者の管理業務の適正な執行について確認・監督することが必要である。

・本指針は、総務省、文部科学省、厚生労働省、経済産業省、国土交通省及び（財）日本体育施設協会、(社)日本公園緑地協会で構成する「プールの安全標準指針(仮称)策定委員会」における検討を経て、文部科学省及び国土交通省により、プールの設置及び管理に関する技術的助言としてとりまとめたものである。

・本指針については、プールの利用実態や施設の性能向上等を踏まえ、適宜見直しを行うものとする。

※**「設置管理者」**プールの所有者（所有者以外にプールの全部の管理について権限を有するものがあるときは当該権限を有するもの）をいい、通常の地方公共団体への手続きでは、開設者、設置者、経営者等をいう。

1−2　本指針の適用範囲（対象とするプール）

　本指針は、遊泳利用に供することを目的として新たに設置するプール施設及び既に設置されているプール施設のうち、第1義的には、学校施設及び社会体育施設としてのプール、都市公園内のプールを対象として作成されたものであるが、その他の公営プールや民営プールといった全てのプール施設においても、参考として活用することが期待される

ものである。
（解説）
・本指針は、遊泳利用に供することを目的として新たに設置する、もしくは既に設置されているプール施設のうち、第一義的には、学校施設としてのプール、社会体育施設としてのプール及び都市公園における公園施設としてのプールを対象として作成されたものであるが、その他の公営プールや、スイミングスクールや民間レクリェーション施設のプール等の民営プールといった全てのプール施設においても、参考として活用することが期待されるものである。
・国の機関等における訓練用プール等、特定の用途に限定されるプールについては本指針の適用範囲として想定されていない。（ただし、これらのプールを一般に開放する場合を除く。）なお、これらのプール及び水遊び用プールなど遊泳利用に供することを目的としていないプールにおいても、本指針の主旨を適宜踏まえた安全管理等を実施することが望ましい。

第2章　プールの安全利用のための施設基準

2－1　プール全体
　プールは、利用者が安全かつ快適に利用できる施設でなければならないため、救命具の設置や、プールサイド等での事故防止対策を行うことが必要である。
　施設の設置目的や規模、利用の実態等を踏まえ必要に応じ、監視室、救護室、医務室、放送設備、看板・標識類等を備えておくことが望ましい。
（解説）
（1）救命具
・プールサイド等に担架等の救命具を備え、必要な場合に直ちに使用できるようにしておくことが必要である。なお、ＡＥＤ（自動体外式除細動器）についても、救護室、医療室等適当な場所に配備することが望ましい。
（2）プールサイド、通路等
・プールサイド及び通路等は、プール本体の大きさ、利用者等を考慮して、十分な広さを有することが必要である。
・プールサイドの舗装材の選定にあたっては、水に濡れた状態でも滑りにくい素材とする必要があり、素足で歩くことから粗い表面のものは避けることが必要である。
・幼児用プールを含む複数のプールが設置され、多様な年齢層による利用や多様な利用形態が見込まれる場合は、幼児が大人用プールで溺れる等の事故防止のため、必要に応じて幼児用プールの外周を柵等で区分することが望ましい。

(3) 監視室

・監視員を統括管理し、監視体制の充実を図るためには監視室を設置することが望ましい。監視室は緊急時の指令室の役割を果たすとともに、場内アナウンスや監視員の休憩所としても機能するものであり、設置にあたっては、プールの安全確保、事故防止、遊泳者指導等のため、できるだけプールに近く、プールの水域全体が見渡せる場所に、前面を開放またはガラス張り等とした監視室を設けることが望ましい。なお、プールが大規模で、監視室を水域全体を見渡す場所に設置できない場合は、監視台を充実させるなどにより監視室の機能を補完する措置を講じることが望ましい。

・監視室に電話や緊急時の連絡先一覧表（2か所以上の医療機関、管轄の消防署・保健所・警察署、設備関連メーカー等）、従事者の役割分担表等を備えることが望ましい。

(4) 救護室、医務室

・プール利用者の怪我や急病に備え、救護室、医務室等を設けることが望ましい。救護室、医務室等には、緊急時に直ちに対処できるよう、救命具、救急医薬品等を備えるとともに、ベッド、救急医療設備等を備え、床は耐水性とし、換気を十分できるようにすることが望ましい。

(5) 放送設備

・プールを安全に管理するためには、プール利用者に対する危険発生等を周知させるための手段を確保することが必要である。

・施設の規模等に応じて、放送設備を監視室に併設して設置することが望ましい。

・監視員と管理責任者が緊急時等に円滑に連絡を行うための通信手段を確保することが望ましい。

(6) 看板・標識類

・プールを安全に管理するためには利用者への適切な注意や警告も必要であり、適切な看板や標識類を設置することが望ましい。

・利用に関する看板・標識類は、施設の入り口付近で目に付く位置に設置することが望ましい。

・排（環）水口部を示す標識、排（環）水口に触れることや飛び込むこと、プールサイドを走ること等を禁止する警告看板等は、入場者全員の目に付く場所（プールの入り口部とプールサイド等）に2箇所以上設置することが望ましい。

2－2　排（環）水口

　吸い込み事故を未然に防止するため、排（環）水口の蓋等をネジ、ボルト等で固定させるとともに、配管の取り付け口には吸い込み防止金具等を設置する等、2重構造の安全対策を施すことが必要である。

　排（環）水口の蓋等、それらを固定しているネジ、ボルト等は、接触によるけがを防

止できる仕様とすることや、蓋等の穴や隙間は、子どもが手足を引き込まれないような大きさとする等、材料の形状、寸法、材質、工法等についても十分な配慮が必要である。
（解説）

（1）安全確保の基本的な考え方

・多くのプールは、循環ろ過設備によって衛生的で安全な水質を維持しているため、取水口及びポンプへの配管は必須であることから、清掃及び点検の際の不注意等による吸い込み事故の防止はもちろん、子どもがいたずらしようとしても事故が発生しないよう十分な安全対策を施すことが必要である。

・施設面からの安全対策としては、排（環）水口に二重構造の安全対策を施すことが必要である。また、不備がある場合は必要な改修が終了するまで利用を停止することが必要である。

（2）二重構造の安全対策

・排（環）水口の吸い込み事故を防止するため、原則として排（環）水口の蓋等をネジ、ボルト等で固定させるとともに、配管の取り付け口には吸い込み防止金具等を設置するなど、二重構造の安全対策を施すことが必要である。

・ただし、排（環）水口が多数あり、かつ1つの排（環）水口にかかる吸水圧が弱く、1つを利用者の身体で塞いだとしても、吸い込みや吸い付きを起こさないこと（幼児であっても確実かつ容易に離れることができること）が明らかである施設等、構造上吸い込み・吸い付き事故発生の危険性がない施設は必ずしも二重構造の安全対策を施す必要はない。

（3）仕様、工法への配慮

・蓋等は、重みがあっても水中では浮力により軽くなることや、子どもが数人で動かしたと考えられる事故例があることから、ネジ、ボルト等により固定されることが必要である。また、蓋等は利用者の接触やプール水の環流等による振動等により、それらを固定しているネジ、ボルト等にゆるみが生じることもあるため、ゆるみを生じにくい留め方とすることが望ましい。

・蓋等やそれらを固定しているネジ、ボルト等が金属の場合は、腐蝕しにくく、かつ利用者の接触等による他の事故の要因とならないよう、用いる材料や工法にも十分に配慮することが必要である。

・蓋等の穴や隙間は、吸い込みや吸い付き事故を防止するため、子どもが手足を引き込まれないような大きさとするとともに、指が蓋の穴等に挟まれる事故を防止するため、幼児や児童の指等が挟まりにくい仕様に配慮することが必要である。

・配管の取り付け口がプール躯体に直接開口している場合は、桝を設置した上で吸い込み防止措置を講じる等、二重構造の安全対策を講じることが必要である。

・桝を設置しても蓋等の上部の流速が強い場合は、排（環）水口を複数設置すること

が望ましい。
- 配管の取り付け口がプール躯体に直接開口し、かつ、排（環）水口が身体の一部で覆うことができるような小さいサイズの場合でも、身体が吸い付いて水中で離脱できなくなることがあるので、吸い付きを防止するため、排（環）水口を複数設置する等の配慮が必要である。
- また、異常発生時にポンプを緊急停止させるための停止ボタン、吸い付きによる事故時に配管内の圧力を抜くための装置を、監視員が常時待機しているプールサイドや監視室等に設置することが望ましい。
- なお、吐出口についても、ポンプ停止時等に水を吸い込む現象が生じる場合があるため、蓋等を設置し、ネジ、ボルト等で固定することが必要である。

第3章　事故を未然に防ぐ安全管理

3－1　安全管理上の重要事項
　プールの安全を確保するためには、施設面での安全確保とともに、管理・運営面での点検・監視及び管理体制についても、徹底した安全対策が必要である。
　管理・運営面においては、管理体制の整備、プール使用期間前後の点検、日常の点検及び監視、緊急時への対応、監視員等の教育・訓練、及び利用者への情報提供が必要である。
（解説）
- プールの安全を確保し、事故を防止するためには、施設のハード面とともに、点検、監視等を日々確実に行うといったソフト面の充実が不可欠である。
- 特に、排（環）水口の吸い込み事故対策としては、ハード面では排（環）水口の蓋等の固定や配管の取り付け口の吸い込み防止金具の設置等の安全対策が必要であり、ソフト面では安全対策が確実に確保されているかのプール使用期間前後の点検、日常の点検・監視による安全確認、異常が発見されたときに迅速かつ適切な措置が実施されるような管理体制を整備しておくこと等が必要である。
- なお、福祉施設等のプール（一般開放する場合を除く。）で、当該施設の職員が監視員として機能する場合においても、本指針で示す安全管理上の配慮事項を踏まえて、安全管理等を実施することが望ましい。
福祉施設等の例：リハビリテーション施設、知的障害者施設、児童自立支援施設、国立健康・栄養研究所、保育所
- 事故を未然に防ぐための安全管理を徹底するためには、
　　管理体制の整備
　　プール使用期間前後の点検

日常の点検及び監視
　　　緊急時への対応
　　　監視員等の教育・訓練
　　　利用者への情報提供
　が重要と考えられ、次節以下にそれぞれの内容を示す。

3－2　管理体制の整備

　プールを安全に利用できるよう、適切かつ円滑な安全管理を行うための管理体制を明確にすることが必要である。

　また、業務内容を管理マニュアルとして整備し、安全管理に携わる全ての従事者に周知徹底を図ることが必要である。

（解説）

・プールの設置管理者は、適切かつ円滑な安全管理のために、管理責任者、衛生管理者、監視員及び救護員からなる管理体制を整えることが必要である。

・設置管理者は、管理業務を委託（請負も含む）する場合、プール使用期間前の点検作業に立ち合うことや、使用期間中の業務の履行状況の検査等、受託者（請負者を含む）の管理業務の適正な執行について確認・監督することが必要である。

・管理責任者、衛生管理者、監視員及び救護員の役割分担と、選任の基準は以下のとおりとする。なお、当該施設の規模等によりそれぞれの役割を重複して担う場合もある。

●管理責任者

　プールについて管理上の権限を行使し、関与する全ての従事者に対するマネージメントを総括して、プールにおける安全で衛生的な管理及び運営にあたる。

　選任にあたっては、プールの安全及び衛生に関する知識を持った者とすることが必要である。なお、公的な機関や公益法人等の実施する安全及び衛生に関する講習会等を受講した者とすることが必要であり、これらに関する資格を取得していることが望ましい。

●衛生管理者

　プールの衛生及び管理の実務を担当する衛生管理者は、水質に関する基本的知識、プール水の浄化消毒についての知識等を有し、プール管理のための施設の維持、水質浄化装置の運転管理、その他施設の日常の衛生管理にあたっているが、管理責任者、監視員及び救護員と協力して、プールの安全管理にあたることが望ましい。

　選任にあたっては、プールの安全及び衛生に関する知識を持った者とすることが必要である。なお、公的な機関や公益法人等の実施するプールの施設及び衛生に関する講習会等を受講し、これらに関する資格を取得した者とすることが望ましい。

●監視員

プール利用者が安全に利用できるよう、プール利用者の監視及び指導等を行うとともに、事故等の発生時における救助活動を行う。

選任にあたっては一定の泳力を有する等、監視員としての業務を遂行できる者とし、プール全体かくまなく監視できるよう施設の規模に見合う十分な数の監視員を配置することが必要である。なお、公的な機関や公益法人等の実施する救助方法及び応急手当に関する講習会等を受講し、これらに関する資格を取得した者とすることが望ましい。

●救護員

プール施設内で傷病者が発生した場合に応急救護にあたる。選任にあたっては、公的な機関や公益法人等が実施する救急救護訓練を受けた者とし、施設の規模に応じ、緊急時に速やかな対応が可能となる数を確保することが必要である。なお、救急救護に関する資格を取得した者とすることが望ましい。

・設置管理者は業務内容や緊急時の連絡先、搬送方法、連携する医療機関等を定めた管理マニュアルを整備し、安全管理に携わる全ての従事者に周知徹底を図ることが必要である。

・学校のプール施設においても、上記の趣旨を踏まえ、組織や利用の実態に応じて適切な管理組織体制を整えることに留意することが必要である。

3－3 プール使用期間前後の点検

プールの使用期間前には、清掃を行うとともに、点検チェックシートを用いて施設の点検・整備を確実に行うことが必要である。

特に排（環）水口については、水を抜いた状態で、蓋等が正常な位置に堅固に固定されていること、それらを固定しているネジ、ボルト等に腐食、変形、欠落、ゆるみ等がないこと、配管の取り付け口に吸い込み防止金具等が取り付けられていること等を確認し、異常が発見された場合は直ちに設置管理者に報告するとともに、プール使用期間前に修理を施すことが必要である。

また、使用期間終了後にも、排（環）水口の蓋等やそれらを固定しているネジ、ボルト等に異常がないことを確認して、次の使用に備えることが望ましい。

なお、通年使用するプールについては、1年に1回以上の全換水を行い、水を抜いた状態で施設の点検を確実に行うことが必要である。

点検チェックシートは、3年以上保管することが必要である。

（解説）

・点検チェックシートを作成し、プール使用期間前に施設の点検・整備を確実に行うことが必要である。

・特に、重大事故が発生する可能性のある排（環）水口の点検については注意を払い、

必要な場合は専門業者による確認、点検及び修理を行うことが必要である。
・使用期間前の排（環）水口の点検は、蓋等がネジ、ボルト等で正常な位置に堅固に固定されているか。（針金による固定、蓋の重量のみによる固定は不可）蓋等やそれを固定しているネジ、ボルト等に腐食、変形、欠落、ゆるみ等がないか。配管の取り付け口に吸い込み防止金具等が取り付けられているか。について行うことが必要である。
・清掃や点検のため排（環）水口の蓋等をはずす場合は、ポンプが停止していることや、水が完全に抜けたことを確認してから行い、作業後、ネジ、ボルト等で正常な位置に固定しておくことが必要である。
・蓋等の変形、それらを固定しているネジ、ボルト等の破損、欠落等があった場合は、直ちに修理、交換を行い、安全な状態に整備しておくことが必要である。
・使用期間中にネジ、ボルト等が破損、欠落するといった場合に備え、ネジ、ボルト等の予備及び必要な工具を用意しておくことが望ましい。
・設置管理者は点検チェックシートを3年以上保管することが必要である。また、点検時には過去の点検結果との照合等を行うことが望ましい。
・点検チェックシートには、排（環）水口の所在を明示したプールの見取図の写しを添付し、保存することが望ましい。
・使用期間終了後にも、排（環）水口の蓋等やそれらを固定しているネジ、ボルト等に異常がないことを確認して次の使用に備えることが望ましい。
・通年使用するプールについては、上記に準じて1年に1回以上の定期的な点検を行うことが必要である。
・なお、吐出口についても、排（環）水口に準じた点検・整備を行う必要がある。

3－4 日常の点検及び監視

　毎日のプール利用前後及び利用中の定時ごとに、目視、触診及び打診によって点検を行い、特に排（環）水口の蓋等が堅固に固定されていることを点検することが必要である。
　また、監視、利用指導及び緊急時の対応のため、監視員の適切な配置を行うとともに、プール内で起こる事故の原因や防止策、事故が発生した場合の対応方法等について十分な知識を持って業務にあたらせることが必要である。
（解説）
（1）施設の点検
・点検にあたっては、目視にとどまらず、触診及び打診によって確実に行うことが必要である。
・毎日のプール利用前後及び利用中の定時ごとに、排（環）水口の蓋等がネジ、ボルト等で正常な位置に堅固に固定されていることを点検することが必要である。
・点検にあたっては、点検チェックシート等を作成し、これを用いて確実に行うことが

必要である。点検チェックシートとともに、気温（室温）、水温、利用者数、水質検査結果（プール水の残留塩素濃度等）、施設の安全点検結果等を記載する管理日誌を備え、使用期間中は、管理日誌に毎日の状況等を記載し、これを3年以上保管することが必要である。
・施設の安全点検の結果を掲示し、利用者に伝えることが望ましい。

（2）監視員及び救護員
・遊泳目的で利用するプールにおいては、監視員及び救護員の配置は、施設の規模、曜日や時間帯によって変わる利用者数等に応じて適切に決定することが必要である。また、監視員の集中力を持続させるために休憩時間の確保についても考慮することが望ましい。
・監視設備（監視台）は、施設の規模、プール槽の形状等により必要に応じて、プール全体が容易に見渡せる位置に相当数を設けることが望ましい。
・飛び込み事故、溺水事故、排（環）水口における吸い込み事故、プールサイドでの転倒事故等、プール内での事故を防止するため、各施設の設置目的や利用実態等に応じて禁止事項を定め、利用者に対し周知を行うとともに、監視員等は違反者に対し適切な指導を行うことが必要である。
・なお、監視員には、排（環）水口周辺は重大事故につながる恐れのある危険箇所であること等、事故防止のための知識を十分に認識させておくことが必要である。

3－5　緊急時への対応
　施設の異常や事故を発見、察知したときの緊急対応の内容及び連絡体制を整備するとともに、安全管理に携わる全ての従事者に周知徹底しておくことが必要である。
　施設の異常が発見された場合は、危険箇所に遊泳者を近づけないよう直ちに措置するとともに、プールの使用を中断して当該箇所の修理を行い、修理が完了するまでプールを使用しないことが必要である。特に排（環）水口の異常が発見された場合は、循環または起流ポンプを停止することが必要である。
　人身事故が起きた場合は、傷病者の救助・救護を迅速に行うとともに、速やかに消防等の関係機関及び関係者に連絡することが必要である。
（解説）
・利用者に危害が及ぶ可能性のある施設の異常が発見された場合は、以下の対応をとることが必要である。
　　○危険箇所に遊泳者を近づけない措置をとる
　　○遊泳者を速やかに避難させ、プール使用を中止する
　　○プールの使用を中止した場合は、当該箇所の修理が完了するまでプールを使用しない
　　○排（環）水口の異常が発見された場合は循環または起流ポンプを停止する

・人身事故が起きた場合は、以下の対応をとることが必要である。
　○傷病者を救助し、安全な場所へ確保する
　○適切な応急手当を行う
　○二次災害を防止する上で必要な場合は、遊泳者を速やかにプールサイドに避難させる等の処置を行う
　○必要に応じて救急車を要請し、緊急対応の内容に従い関係者に連絡する
・緊急時の対応を確実に行うには、従事者に対する就業前の教育・訓練の実施とともに、緊急時の初動心得の掲示、毎日始業終業時に行う全体ミーティングにおける確認等により周知徹底することが必要である。

3－6　監視員等の教育・訓練

　プールの設置管理者及びプール管理業務の受託者（請負者を含む）は、安全管理に携わる全ての従事者に対し、プールの構造設備及び維持管理、事故防止対策、事故発生等緊急時の措置と救護等に関し、就業前に十分な教育及び訓練を行うことが必要である。

（解説）
・プールの設置管理者及びプール管理業務の受託者（請負者を含む）は、プール施設の管理は利用者の命を守る重要な任務であることを認識した上で、安全管理に関わる専門的な業務内容を詳細にわたって把握しておくことが必要である。その上で、監視員等の安全管理に携わる全ての従事者に対し、徹底した教育及び訓練を就業前に行っておくことが必要である。
・特に、排（環）水口における吸い込み事故を未然に防止するためには、安全管理に携わる全ての従事者がプールの構造を把握し、排（環）水口の蓋等が固定されていない状態などの危険性、ポンプ停止や利用者の避難誘導等の緊急時の対応方法を正しく理解していることが必要である。
・教育内容は次のa～dの項目を必ず含むようにし、eについては必要に応じて随時実施することが望ましい。
　a．プールの構造及び維持管理
　b．プール施設内での事故防止対策
　c．事故発生等緊急時の措置と救護
　d．緊急事態の発生を想定した実地訓練
　e．日常の業務等において従事者が経験した「ヒヤリとしたこと」、「ハッとしたこと」や「気がかりなこと」、利用者からの苦情等を題材とした事例研究
・訓練内容には、飛び込み事故や溺水事故等のほか、排（環）水口における吸い込み

事故を想定したものも必ず含むことが必要である。排（環）水口の異常等を察知した監視員等から他の従事者への連絡方法の検討、異常等の察知からポンプの非常停止までの手順及び所要時間の計測等を行い、かかる事態が実際に起こった場合に、可能な限り迅速に適切な対応ができるように訓練しておくことが必要である。

・なお、使用期間中に新たに雇用した従事者に対しては、就業前に同様の教育、訓練を行うことが必要である。

・特に、夏季のみ使用する施設では、アルバイトの監視員が毎年違う人材となる場合が多いため、教育研修カリキュラム等を準備しておくことが必要である。

・プールの設置管理者及びプール管理業務の受託者（請負者を含む）は教育、訓練の実施にあたり、その記録を作成して3年以上保管することが望ましい。

3－7　利用者への情報提供

　プールを安全に管理するためには、利用者への適切な注意や警告を行うことも有効であり、排（環）水口の位置等危険箇所の表示、プール利用に際しての注意・禁止事項、毎日の点検結果等を、利用者の見やすい場所に見やすい大きさで掲示することが望ましい。

（解説）

・プールを安全に管理するためには、利用者に注意すべき事項・禁止事項、利用にたって注意喚起を促す必要がある場所等について、入り口その他、遊泳者の見やすい場所及び注意を払うべき場所に標識、掲示板等を設置することが望ましい。

・重大な事故の危険性を有する排（環）水口については、プール利用者がその所在を容易に認識できるよう位置表示を行うとともに、排（環）水口付近で遊ぶと手を挟まれたり吸い込まれたりする危険があることを示すことが望ましい。

・位置表示は、プール利用者の見やすい場所に見やすい大きさで、排（環）水口の位置を示したプール全体の見取図の掲示、及び、排（環）水口付近の壁又は底面その他見やすい箇所に存在の明示を行うことが望ましい。なお、見取図には排（環）水口の存在の明示の方法も記しておくことが望ましい。

・表示にあたっては、危険箇所であることが子どもでも正しく理解できるよう、文字とイラストでわかりやすく表示することが望ましい。

・使用期間前の点検チェックシート、毎日の点検結果等を、プール利用者の見やすい場所に見やすい大きさで掲示し、利用者に伝えることが望ましい。

《参考文献》

●公益財団法人 日本水泳連盟プール公認規則
https://www.swim.or.jp/about/download/rule/r_tools201702.pdf

●プール水深とスタート台の高さに関するガイドライン　平成 17 年 7 月（財）日本水泳連盟
http://www.swim.or.jp/about/download/rule/g_02.pdf

●プールの安全標準指針　平成１９年３月　文部科学省　国土交通省
http://www.mext.go.jp/a_menu/sports/boushi/__icsFiles/afieldfi
le/2011/05/26/1306538_01_1.pdf

●学校における水泳事故防止必携（新訂二版）独立行政法人日本スポーツ振興センター
http://www.jpnsport.go.jp/anzen/Tabid/115/Default.aspx

●水泳指導の手引（三訂版）　文部科学省
http://www.mext.go.jp/a_menu/sports/jyujitsu/1348589.htm

●学校における体育活動中の事故防止について（報告書）体育活動中の事故防止に関する
調査研究協力者会議
http://www.mext.go.jp/a_menu/sports/jyujitsu/__icsFiles/afieldfile/2016/06/23/1323968_1.pdf
http://www.mext.go.jp/a_menu/sports/jyujitsu/__icsFiles/afieldfile/2016/06/23/1323968_2.pdf

●学校における体育活動中の事故防止のための映像資料　文部科学省
https://www.youtube.com/playlist?list=PLGpGsGZ3lmbBZpfbIZpdamkuUGAZsFHsX

●学校施設整備指針　文部科学省
http://www.mext.go.jp/a_menu/shisetu/seibi/main7_a12.htm

●学校事故事例検索データベース　独立行政法人日本スポーツ振興センター
http://www.jpnsport.go.jp/anzen/anzen_school/anzen_school/tabid/822/Default.aspx

●熊本市立学校夏休みプール開放授業　運営・監視マニュアル作成の手引き
熊本市教育委員会
https://www.city.kumamoto.jp/common/UploadFileDsp.aspx?c_id=5&id=1218&sub_
id=1&flid=4666

●水泳指導と安全　文部科学省
http://www.mext.go.jp/component/a_menu/sports/detail/__icsFiles/afieldfi
le/2014/06/10/1348570_7_1.pdf

《編集者・執筆者》

原田　敬三（はらだ・けいぞう）　**弁護士**
南北法律事務所
（東京都千代田区富士見 2-7-21706　ステージビル　03-3511-5748）
学校安全全国ネットワーク副代表。学校事件・事故被害者全国弁護団副代表。

島薗　佐紀（しまぞの・さき）　**弁護士**
小菅・島薗法律事務所
（宇都宮市東宿郷 3-1-9　あかねビル9階　028-614-3688）
元足利市立中学校生徒の就労に係る死亡事故に関する第三者調査委員会委員。

細川　潔（ほそかわ・きよし）　**弁護士**
（東京都千代田区六番町1　自治労会館3階　03-3261-5767）
学校安全全国ネットワーク副代表。学校事件・事故被害者全国弁護団事務局。

浅見　洋子（あさみ・ようこ）　**詩人**
学校安全全国ネットワーク事務局長。
詩集『独りぽっちの人生』（コールサック社）
『みんなの学校安全』（共著）（エイデル研究所）他を執筆。

林田　和行（はやしだ・かずゆき）　**学校安全全国ネットワーク事務局員**
プール開放事故遺族。息子の林田靖司君は、静岡県西伊豆町立仁科小学校の夏休みのプール開放で、外れていた排水口のふたを友人と直そうとして、右足を吸い込まれて溺死（P8 の詩「もう一つの名前は」）。その後、プールの排水口事故をゼロにするまで息子の納骨はできないと、今日まで精力的に学校災害防止に取り組んでいる。

学校安全全国ネットワーク
『安全で楽しいプール開放　プール運営者・監視者の心得』

2017 年 8 月 15 日　初版発行
編集　学校安全全国ネットワーク
　　　株式会社 コールサック社　鈴木比佐雄

学校安全全国ネットワーク
〒 102-0072　東京都千代田区富士見 2-7-2
ステージビル 17 階 1706 号　南北法律事務所内
TEL. 03-3511-5070 ／ FAX. 03-3511-5784

印刷管理：(株) コールサック社　製作部
イラスト：岩沢須美子　レイアウト：奥川はるみ

落丁本・乱丁本はお取り替えいたします。
ISBN978-4-86435-307-6　C0437　￥200E